ÉTUDE CRITIQUE ET BIBLIOGRAPHIQUE

DES ŒUVRES DE

ALFRED DE MUSSET

POUVANT SERVIR D'APPENDICE

A L'ÉDITION DITE DE SOUSCRIPTION

PARIS

CHEZ RENÉ PINCEBOURDE, ÉDITEUR

A LA LIBRAIRIE RICHELIEU

78, RUE RICHELIEU

MDCCCLXVII

ÉTUDE CRITIQUE ET BIBLIOGRAPHIQUE

Cette brochure pourra être numérotée au même chiffre que
l'exemplaire de souscription auquel elle fait suite.

N° 

Paris. — Imp. Émile Voitelain et C°, rue J.-J. Rousseau, 15.

ÉTUDE CRITIQUE ET BIBLIOGRAPHIQUE

DES ŒUVRES DE

ALFRED DE MUSSET

POUVANT SERVIR D'APPENDICE

A L'ÉDITION DITE DE SOUSCRIPTION

PARIS

CHEZ RENÉ PINCEBOURDE, ÉDITEUR

A LA LIBRAIRIE RICHELIEU

78, RUE RICHELIEU

—

MDCCCLXVII

PRÉFACE DE L'ÉDITEUR

Un pieux éditeur a écrit un jour en tête d'une préface que
la publication des œuvres des auteurs consacrés ne devrait
jamais être un objet de spéculation, mais un hommage
public et national dont les promoteurs auraient le droit de
réclamer les lumières et le concours de tous.

C'est dans ces sentiments de zèle patriotique que nous
apportons aujourd'hui notre complément d'annotations et
de rectifications à la dernière édition des *Œuvres d'Alfred
de Musset*, édition annoncée comme complète et définitive,
et dont la condition somptueuse et le prix élevé impliquent
indubitablement le désir ambitieux de la perfection.

Nous sommes persuadés que l'éditeur, assisté du frère,
héritier de l'auteur, croit n'avoir rien négligé pour réa-
liser cette ambition. Malheureusement, si, contrairement
à l'adage populaire, la perfection peut être de ce monde,
il est rare qu'on y atteigne du premier coup ; il est rare
surtout qu'elle se rende à l'effort d'un seul assaillant.

Nous croyons donc faire acte en même temps de bons
citoyens et de zélateurs sincères de la gloire du poëte, en
signalant les erreurs, lacunes, anachronismes de cette
édition monumentale ; et nous pensons que l'éditeur, les
héritiers de l'auteur, les souscripteurs et le public tout
entier ne pourront que nous en savoir bon gré.

Les éditions de luxe ont quelquefois de tels revers : on
peut en dire ce que Chapelle disait de la splendide édition
des *Métamorphoses* d'Ovide en rondeaux de Benserade,

imprimée à l'Imprimerie royale et ornée à chaque page de superbes vignettes de Sébastien Leclerc et de Chauveau :

> ..... Quant à moi, j'en trouve tout fort beau,
> Papier, dorure, images, caractère,
> Hormis.....

Mais ici ce ne sont pas les vers qui sont défectueux, mais l'édition.

Le travail que nous publions, œuvre d'un admirateur dévoué d'Alfred de Musset, a été exécuté minutieusement au fur et à mesure de la publication de chaque volume. En l'imprimant d'une manière conforme au texte, nous avons eu l'intention d'en faire un appendice utile et même un *erratum* indispensable à cette édition.

ÉTUDE CRITIQUE

ET BIBLIOGRAPHIQUE

L'ÉDITION des œuvres complètes d'Alfred de Musset, en cours de publication depuis un an et demi, vient enfin d'être terminée, et le dernier volume est livré aux souscripteurs; pourquoi faut-il, au lieu de n'avoir qu'à louer cette édition, que sa mauvaise exécution nous force à prendre la plume, pour en constater ici les lacunes et les erreurs? Un instant nous avons hésité à instruire ce procès, mais après réflexion il nous a semblé qu'il y avait là un devoir à remplir à propos des œuvres de l'un des premiers poëtes de la France, incontestablement le plus populaire aujourd'hui, et qu'il fallait protester au nom de ses admirateurs contre les étranges omissions dont M. Charpentier s'est fait l'instrument; nous nous sommes donc décidés à exécuter ce travail.

Remarquons d'abord que les articles non réunis jusqu'ici aux œuvres d'Alfred de Musset n'ont pas tous trouvé grâce devant l'éditeur, quelle que fût leur authenticité; ceux qu'il a condamnés forment donc pour les bibliophiles une déplorable lacune dans les volumes en question.

La plus inexplicable de toutes les omissions est celle du *Mangeur d'opium*, car en outre des quelques mots que M. Paul de Musset y a consacrés dans une note dédaigneuse de sa notice sur son frère (voir le volume des *Œuvres posthumes*), il en est encore fait mention à la fin du tome IX, en tête de la liste chronologique des œuvres d'Alfred de Musset. Que le livre fût bon ou mauvais, là n'est pas la question, quoiqu'il vaille beaucoup mieux que ne veut le faire croire le frère de l'auteur; mais il nous semble hardi dans une publication si soigneusement lancée et annoncée comme définitive de l'œuvre complète d'un de nos premiers poëtes contemporains, de supprimer ainsi son premier livre après en avoir cependant constaté à deux reprises l'existence et l'authenticité, d'ailleurs incontestables.

La nouvelle : *les Frères Van-Buck* et le proverbe *l'Habit vert* sont aussi condamnés, quoique pourtant signés en toutes lettres; M. Paul de Musset ne peut l'avoir oublié, lui qui rendait compte de la première représentation de *l'Habit vert* dans *le National* du 5 mars 1849. Quelle raison peut donc avoir fait exclure ces deux morceaux? M. Charpentier seul pourrait répondre à cette question, lui qui, dans un avis placé en tête du tome Ier, annonce si carrément que l'édition comprend toutes les œuvres d'Alfred de Musset « moins deux ou trois écrits de sa première jeunesse. » Or, *l'Habit vert*, datant de 1849, et *les Frères Van-Buck*, de 1844, cette explication n'est pas pour eux. M. Charpentier dit aussi dans ce même avis que cette édition contient « un volume *entier* composé des morceaux de littérature, de critique et de fantaisie que l'auteur avait oubliés ou négligés. » Il nous semble que la mémoire de l'éditeur n'est guère plus fidèle, car il oublie que les *Lettres de Dupuis et Cotonet*, formant 90 pages, presque le quart de ce volume, sont imprimées depuis douze ans à la suite des *Contes*.

Il a du moins, pour omettre *les Derniers moments de François Ier*, une excuse dans la lettre de l'auteur qu'il publie dans les *Œuvres posthumes*. Une autre remarque à faire, c'est la facilité avec laquelle M. Paul de Musset se dédit. Ainsi, après avoir annoncé, tome III, page 403, que le texte de *Barberine* n'a été retouché que pour être enrichi, et que toute la version primitive s'y retrouve, il rétablit, dans le tome IX, *Mélanges de critique et de littérature*, le deuxième acte de la première version, parce que « une petite scène, un couplet de chanson et un monologue » ont disparu, dit-il, dans la version définitive. Il faut encore remarquer que le premier acte de la première version de *Barberine* n'est pas non plus conforme à celui de la version définitive; cependant il a été exclus, et, de peur de grossir de quinze ou vingt pages une édition d'un prix si modeste qu'il faut songer sans doute à tous ces petits détails pour n'y point perdre, les bibliophiles devront se passer de la version complète de la première *Barberine*. Disons ici, à titre de renseignement littéraire, que les remaniements de cette pièce et sa mise en trois actes au lieu de deux, ont été exécutés en 1851 en vue de sa représentation au Théâtre-Français; elle n'y fut reçue qu'à correction, et l'auteur la retira. Laissons, du reste, à ce sujet, la parole à M. Paul de Musset lui-même, qui rendit compte de l'incident dans *le National* du 25 août 1851 :

« La façon dont on a raconté l'échec de *la Quenouille de Barberine* devant le comité de lecture de la Comédie-Française n'est pas tout à fait exacte. Ce n'est pas précisément un refus. La pièce avait été reçue *à correction*. L'auteur, qui avait su accommoder pour la scène *les Caprices de Marianne*, ouvrage réputé injouable, n'a pas trouvé que le comité, dont pas un membre n'a seulement fait un quart de vaudeville, eût qualité pour corriger sa pièce et lui donner des avis utiles. Il ne pouvait répondre à cette prétention que par un silence dédaigneux. Mais, quelque jour peut-être, s'il y a lieu, les détails curieux de cette séance de lecture seront racontés au public. Ils en vaudraient la peine (1).

« Paul de Musset. »

____

(1) C'était bien le cas de les donner dans l'édition qui nous occupe.

On peut voir, d'après ceci, combien est sincère la note qui attribue les remaniements de *Barberine* au désir de l'améliorer plutôt qu'à celui de la voir représenter (tome III, page 403).

Une note de la notice désavoue certains travaux critiques sur Victor Hugo, attribués à A. de Musset et parus dans le journal *le Temps* des 31 mai et 17 juillet 1831. Cela est-il bien incontestable? En tous cas, l'absence de signature laisse ici au biographe le bénéfice du doute. Ce qui est moins à son avantage, c'est l'incroyable négligence avec laquelle les articles extraits de ce même journal, *le Temps*, ont été relevés; ainsi, dans le volume des *Mélanges*, le premier article sur *l'Exposition du Luxembourg au profit des blessés* est réimprimé seul, tandis qu'il en est paru un deuxième dans *le Temps* du 1er janvier 1831; plusieurs *Revues fantastiques* sont sautées; et tout cela avec une indifférence qui mériterait peut-être un autre nom.

La pièce intitulée : *le Songe du Reviewer*, dont M. Paul de Musset a lui-même parlé dans une lettre publique insérée dans *le Courrier de Paris* du 25 juin 1857, lors de la publication d'une pièce sur *l'Académie* attribuée aussi à son frère et dont il niait l'origine, n'a pas trouvé place non plus dans l'œuvre.

Voici donc la liste détaillée des articles définitivement omis, que tous les amateurs devront ajouter à cette édition pour avoir un Alfred de Musset complet :

La Branche de myrte, poésie. *Psyché,* 1826 [1].

Thèse latine, imprimée en 1827.

Lettre à Paul Foucher, 1857. *L'Amateur d'Autographes* du 1er janvier 1867.

---

[1] Voir, au sujet de cette pièce, un article de M. Philibert Audebrand, dans *le Grand Journal* du 23 septembre 1866.

L'Anglais mangeur d'opium, volume signé A. D. M. Chez Mame et Delaunay-Vallée, 1828.

Exposition du Luxembourg au profit des blessés, deuxième article. *Le Temps* du 1er janvier 1831.

Revues fantastiques. Le Temps des 1er, 21, 28 février; 18 avril et 30 mai 1831.

Derniers moments de François Ier (réimprimé dans le *Monde dramatique* et dans *l'Artiste*, sous le titre d'*Ango*). *Keepsake français*, chez Giraldon-Bovinet, 2e année, 1831.

Le 3 mai 1814, poésie datée de 1831. *Magasin de librairie* du 10 décembre 1859.

La Quenouille de Barberine, premier acte de la première version. *Revue des Deux Mondes* du 1er août 1835.

Le Songe du Reviewer, poésie datée de 1833; *Revue anecdotique* du 15 août 1857, complétée dans *la Petite Revue* du 13 mai 1865.

Les Frères Van-Buck, nouvelle, avec une lettre. *Constitutionnel* du 27 juillet 1844.

Lettre sur sa démission de bibliothécaire. *Le Commerce*, 20 juin 1848.

Le Chant des Amis, cantate écrite pour Lille. *Le Pays* du 23 juin 1852.

L'Habit vert, brochure. Chez Michel Lévy, 1849. — Ce proverbe n'est autre que *la Montre*, qui fut annoncé successivement dans *la Revue des Deux Mondes* et *le Constitutionnel*. Il fut retouché et terminé par Émile Augier, qui le signa avec Alfred de Musset.

Promenade au Jardin des Plantes, sonnet de 1852. *Monde illustré* du 9 mai 1857.

Une nouvelle (?). Dans *la Gazette de la noblesse*, no 1, octobre 1856.

A une Muse, poésie. *Figaro*, no 84, 1855.

L'Académie française, satire apocryphe. *Revue anecdotique*, juin 1857.

Venise, variantes écrites pour être mises en musique par Gounod.

Si M. Paul de Musset avait lu l'article de Ludovic Lalanne dans *la Correspondance littéraire* du 20 mars 1859, nous aimons à croire qu'il n'eût pas dédaigné ce dernier article, rejeté sans aucune raison des œuvres de son frère. Comprend-on que nulle part il n'est fait mention dans l'édition qui nous occupe du *Voyage où il vous plaira*, qui, bien qu'écrit en entier par Stahl, ne se vend pas moins signé de ce nom et de celui d'Alfred de Musset? N'était-il pas nécessaire de dire du moins que la part de collaboration de ce dernier ne fut pas écrite et que tout se borna pour lui à deux pièces de vers réimprimées dans ses poésies? Une curieuse observation à faire sur *Rolla*, c'est qu'à propos de ce vers :

« Son nom était Marie et non pas Marion. »

l'auteur écrivit dans le numéro même de la *Revue des Deux Mondes* qui contenait le poëme, la lettre suivante, dont il ne tint ensuite aucun compte, car le vers est resté (*Revue des Deux Mondes* du 15 août 1832) :

« Au moment de la publication de ces feuilles, un ami me fait apercevoir que ce vers appartient à peu de chose près à un drame représenté à l'Odéon et à la Porte-Saint-Martin. Le lecteur me pardonnera une erreur de mémoire, qui sera remplacée dans le recueil dont le poëme de *Rolla* fait partie.

« ALFRED DE MUSSET. »

La pièce intitulée *le Rideau de ma voisine* a été rejetée par erreur à la fin du tome II des *Poésies ;* cette pièce devait être placée bien avant, puisqu'elle a paru pour la première fois dans le journal *l'Ariel*, numéro du 2 mars 1836, sous le titre de : *Chanson de Goethe*, traduction. On sait que Musset passe pour être l'auteur de la pièce de vers qui se trouve dans *Lélia*, par George Sand, et que *Denise*, nouvelle par Paul de Musset, a été attribuée à tort à son frère, dans diverses réimpressions de journaux reproducteurs.

Voici maintenant la note, volume par volume, des fautes et des erreurs de l'édition que les cartons promis n'ont pas rectifiées :

Tome I.   *La Saule* pour *Le Saule*. (A la table.)

Tome II.   Même faute, et *A Alric* (pour *Ulric*) *Guttinger*. (A la table.)

Tome III.   Assertions inexactes relatives aux deux versions de *Barberine* (page 403); l'ordre chronologique est interverti, *Lorenzaccio*, paru en 1834, ne terminant pas le volume, mais bien *Barberine*, parue en 1835.

Tome V.   *Le Caprice* a été découvert et joué à Saint-Pétersbourg après dix ans de publicité (page 51). *Le Caprice* ayant été publié en 1837 et joué à Paris en 1847, quand a-t-il pu être joué à Saint-Pétersbourg (avant de l'être à Paris), *après dix ans de publicité?*

Mlle Bonval crée le rôle de Victoire dans : *On ne saurait penser à tout* (ce renseignement manque page 140). On a omis aussi (page 139) la date de la première représentation (30 mai 1849) et l'indication « d'après Carmontelle » que porta l'affiche du Théâtre-Français à toutes les représentations de ce

proverbe, lequel ne fut pas imprimé
en brochure séparée.

Le mot *sonnet* mis pour *rondeau*, qui
n'ont, pensons-nous, jamais été syno-
nymes (page 138).

Carmosine est indiquée (page 364) comme
imprimée en 1852, tandis qu'elle parut
dans le journal *le Constitutionnel* en
1850. L'ordre chronologique, déjà violé
pour *Lorenzaccio*, est donc interverti
de nouveau, puisque *Bettine* eût dû
être placée après *Carmosine* et terminer le volume.

Tome IX.   Manque le deuxième article sur *l'Exposition du Luxembourg*, et plusieurs
Revues fantastiques.

Tome X.   Il manque à la table la 2ᵉ *chanson* et la
pièce *A Taglioni*, page 66-67; en ou-
tre, la pagination indiquée à la table
est fautive pour plusieurs pièces.

Voici enfin l'indication des articles qui sont, dans
cette édition, réunis pour la première fois aux œuvres de
l'auteur.

Tome I.   Variantes des poésies.

Tome II.   *La Loi sur la presse* (*Revue des Deux
Mondes*, 1835) et *Sur une Morte* (*Revue
des Deux Mondes*, 1842), poésies.

Tome III.   *Avant-propos* de la première édition du
Spectacle dans un fauteuil, prose, 1834.
Variantes des *Proverbes* mis à la scène;
dans ce volume et les deux suivants.

Tome X. *A Taglióni,* 1844 *(la Presse,* 24 octobre 1858), et *A Augustine Brohan* (album Offenbach, 1855), poésies. — *Correspondance.*

Pour terminer ce travail, nous donnerons ici la liste chronologique des livres d'Alfred de Musset. L'éditeur n'a donné ce catalogue que par articles et non par volumes, ce qui rend les recherches bibliographiques presque impossibles.

1827. *Thèse latine.*

1828. *L'Anglais mangeur d'opium.* 1 volume in-18.

1830. *Contes d'Espagne et d'Italie.* 1 vol. in-8, chez Urbain Canel. Contient : *Préface en prose. — Don Paez. — Les Marrons du feu. — Portia. — Mardoche,* etc.

1832. *Un Spectacle dans un fauteuil,* première livraison (en vers). 1 vol. in-8, chez Renduel. Contient : *Au lecteur. — Dédicace à Alfred T..... (Tattet).— Introduction.— La Coupe et les Lèvres. — A quoi rêvent les jeunes filles. — Namouna.*

1834. *Un Spectacle dans un fauteuil,* deuxième livraison, en prose. 2 vol. in-8, rue des Beaux-Arts, n° 6 (au bureau de *la Revue des Deux Mondes*). Contient : T. Ier. *Préface. — Les Caprices de Marianne (Revue des Deux Mondes,* 1833). — *Lorenzaccio* (inédit). — T. II. *André del Sarto (Revue des Deux Mondes,* 1833). — *Fantasio (Revue des Deux Mondes,* 1834). — *On ne badine pas avec l'amour (Revue des Deux Mondes,* 1834). — *La Nuit vénitienne* (Odéon, 1830, publiée ici pour la première fois).

1836. *La Confession d'un enfant du siècle.* 2 vol. in-8, chez Bonnaire. — Première édition in-18, 1840.

1840. *Les Deux Maîtresses.* — *Frédéric et Bernerette.* 2 vol. in-8, chez Dumont. Contient : *Les Deux Maîtresses* (Revue des Deux Mondes, 1837). — *Le Fils du Titien* (Revue des Deux Mondes, 1838). — *Frédéric et Bernerette* (Revue des Deux Mondes, 1838). — *Emmeline* (Revue des Deux Mondes, 1837). — *Croisilles* (Revue des Deux Mondes, 1839). — *Margot* (Revue des Deux Mondes, 1838). — Première édition, in-18, sous le titre de *Nouvelles*, 1841.

Poésies complètes. 1 vol. in-18, chez Charpentier. Contient : *Contes d'Espagne et d'Italie.* — *Un Spectacle dans un fauteuil*, première livraison. — *Poésies diverses*, 1831. — *Poésies nouvelles*, 1835-40.

Comédies et Proverbes. 1 vol. in-18, chez Charpentier. Contient : *Un Spectacle dans un fauteuil*, deuxième livraison; plus, *la Quenouille de Barberine* (Revue des Deux Mondes, 1835). — *Le Chandelier* (Revue des Deux Mondes, 1835). — *Il ne faut jurer de rien* (Revue des deux Mondes, 1836). — *Un Caprice* (Revue des Deux Mondes, 1837).

1842-43. *Voyage où il vous plaira*, avec P.-J. Stahl (J. Hetzel). 1 vol. in-4, chez Hetzel. — Ne contient, comme on sait, que deux poésies d'Alfred de Musset.

1848. *Nouvelles*, par Alfred et Paul de Musset. 1 vol. in-8, chez Magen. Contient d'Alfred de Musset : *Pierre et Camille*. — *Le Secret de Javotte*. — Ces deux récits avaient paru l'un et l'autre dans *le Constitutionnel* en 1844.

1849. *L'Habit vert*, proverbe, avec Émile Augier. Brochure in-18, chez Michel Lévy.

Louison, comédie en deux actes et en vers, avec rondeau à Mlle Anaïs. Brochure in-18, chez Charpentier.

1850. *Poésies nouvelles*, 1840-49. 1 vol. in-18, chez Charpentier. Réimprimé plusieurs fois, ainsi que le volume des *Premières Poésies*, avec des divisions différentes et des augmentations.

1851. *Il faut qu'une porte soit ouverte ou fermée*, proverbe (*Revue des Deux Mondes*, 1845). Brochure in-18, chez Charpentier.

Bettine, proverbe (*Revue des Deux Mondes*, le lendemain de la première représentation, 1851). Brochure in-18, chez Charpentier.

1852. *Discours de réception à l'Académie française*. Brochure grand in-8, chez Didot.

1853. *Mademoiselle Mimi Pinson* (*Diable à Paris*, 1845). 1 vol. in-24, chez Eugène Didier.

Histoire d'un merle blanc (*Scènes de la vie privée des animaux*, 1844). 1 vol. in-24, chez Blanchard.

Comédies et Proverbes. 2 vol. in-18, chez Charpentier. Nouvelle édition augmentée de : *Il faut qu'une porte soit ouverte ou fermée*. — *Louison*. — *On ne saurait penser à tout* (Comédie-Française, 1849). — *Carmo-sine* (*Constitutionnel*, 1850). — *Bettine*. — C'est dans cette édition que fut imprimé pour la première fois : *On ne saurait penser à tout*, resté inédit après sa représentation, et *Barberine* remaniée.

1854. *Contes*. 1 vol. in-18, chez Charpentier. Contient : *La Mouche* (*Moniteur*, 1853). —*Pierre et Camille*. — *Le Secret de Javotte*. — *Mademoiselle Mimi Pinson*. — *Le Merle blanc*. — *Lettres sur la littérature* (*Revue des Deux Mondes*, 1836-38; non signées dans ce recueil).

1860. *OEuvres posthumes*. 1 vol. in-18, chez Charpentier. Sauf *Faustine*, fragment inédit, le contenu de ce volume est paru en entier dans *la Revue nationale*, 1858-59.

NOTE. — M. Charpentier est-il bien sûr que les *OEuvres posthumes* d'Alfred de Musset ne tomberont pas dans le domaine public en même temps que ses autres œuvres? Il eût dû, pour éviter cette déconvenue, ne pas y insérer les *vers inscrits dans une cellule de la prison de la garde nationale*, parus du vivant de l'auteur dans *l'Almanach du jour de l'an*, publié chez Hetzel, le 1er janvier 1846, et ceux écrits *sous un portrait d'Augustine Brohan*, publiés en 1855 dans les mêmes conditions, notamment dans *le Mousquetaire*, du 29 mars 1855, et dans *le Décaméron dramatique*, album musical par Offenbach.

FIN

LIBRAIRIE RICHELIEU

78, rue Richelieu, près la Bourse

BIBLIOTHÈQUE ORIGINALE

Cette Bibliothèque est tirée sur grand papier de fil vergé (quelques exemplaires sur papier de Chine et chamois), en caractères elzeviriens, avec couverture papier à escargots vieux style, du format in-32 raisin.

BÉRANGER ET SON TEMPS, par JULES JANIN, 2 vol. contenant chacun un délicieux portrait entouré d'attributs, gravés à l'eau-forte par Staal (Béranger et Jules Janin). 2 vol. .... 5 fr.

CORRESPONDANCE INTIME DE L'ARMÉE D'ÉGYPTE, interceptée par l'escadre de Nelson. Introduction et notes par LORÉDAN LARCHEY, eau-forte. 1 vol. .... 3 fr.

HISTOIRE DU SIEUR ABBÉ COMTE DE BUCQUOY, singulièrement son évasion du For-l'Évêque et de la Bastille, par Mme DU NOYER, avec préliminaire et appendice biographiques et bibliographiques. 1 vol., avec frontispice à l'eau-forte. .... 3 fr.

MORT D'ALEXANDRE LE GRAND, ou étude sur les poisons dans l'antiquité, par E. LITTRÉ, suivi de la MORT DE CÉSAR, par NICOLAS DE DAMAS, traduction par A. DIDOT. Introductions et notes de l'éditeur. 1 vol. avec frontispice de ULM .... 3 fr.

PÉTRUS BOREL LE LYCANTHROPE, sa vie, ses écrits, sa correspondance, poésies et documents inédits, par J. CLARETIE, frontispice avec portrait à l'eau-forte de ULM. 1 vol. .... 3 fr.

FRÉRON OU L'ILLUSTRE CRITIQUE, par CH. MONSELET, avec une eau-forte contenant le portrait de Fréron par MORIN. 1 vol. .... 3 fr.

LES MYSTIFICATIONS DE CAILLOT-DUVAL, avec un choix de ses lettres les plus étonnantes, suivies des réponses de ses victimes. Introduction et éclaircissements par LORÉDAN LARCHEY, eau-forte de FAUSTIN BESSON. 1 vol.   3 fr.

PETITE BIBLIOTHÈQUE DES CURIEUX

Tirée sur grand papier de fil vergé, caractères elzeviriens, eau-forte, culs-de-lampe, etc., format in-12 écu.

LES CAMÉES PARISIENS, par THÉODORE DE BANVILLE. Frontispice et portraits à l'eau-forte de ULM. 3 vol. .... 2 fr. chaque.
    Chaque volume contient une suite de 48 portraits de certains personnages curieux du monde parisien.

VINS A LA MODE ET CABARETS AU XVIIe SIÈCLE, par A. DE LA FIZELIÈRE. Frontispice à l'eau-forte de MAX. LALANNE. 1 vol. .... 2 fr.

TRAICTÉ DU CÉLIBAT DES PRESTRES, manuscrit inédit d'URBAIN GRANDIER. Introduction et notes de ROBERT LUZARCHE; frontispice à l'eau-forte. 1 vol. .... 1 fr.

Paris. — Imp. Émile Voitelain et Cⁱᵉ, rue J.-J. Rousseau, 15.

www.ingramcontent.com/pod-product-compliance
Lightning Source LLC
Chambersburg PA
CBHW061833060726
47597CB00008B/3477